Satoru Nakamura

Guia básico e prático para a doença de Parkinson

Satoru Nakamura

Guia básico e prático para a doença de Parkinson

ScienciaScripts

Imprint

Any brand names and product names mentioned in this book are subject to trademark, brand or patent protection and are trademarks or registered trademarks of their respective holders. The use of brand names, product names, common names, trade names, product descriptions etc. even without a particular marking in this work is in no way to be construed to mean that such names may be regarded as unrestricted in respect of trademark and brand protection legislation and could thus be used by anyone.

Cover image: www.ingimage.com

This book is a translation from the original published under ISBN 978-620-2-06467-5.

Publisher:
Sciencia Scripts
is a trademark of
Dodo Books Indian Ocean Ltd. and OmniScriptum S.R.L publishing group

120 High Road, East Finchley, London, N2 9ED, United Kingdom
Str. Armeneasca 28/1, office 1, Chisinau MD-2012, Republic of Moldova, Europe
Printed at: see last page
ISBN: 978-620-7-92946-7

1) Introdução

a) Origem do nome da doença de Parkinson

Em 1817, o cirurgião inglês James Parkinson (1755-1824) descreveu num ensaio a paralisia por tremores "Paralysis Agitans". Jean-Martin Charcot e outros renomearam mais tarde a doença de Parkinson. [1]

b) Epidemiologia

Mais de 10 milhões de pessoas em todo o mundo vivem com a doença de Parkinson (DP). [2,3]A prevalência bruta da doença de Parkinson varia entre 15 por 100 000 habitantes na China e 657 na Argentina e entre 100 e 250 na América do Norte e na Europa .[2,4,5]As taxas brutas de incidência anual da doença de Parkinson variaram entre 1,5 por 100 000 habitantes na China, em 1986, e 14,8 na Finlândia, entre 1968 e 1970.Em termos de distribuição étnica, os brancos na Europa e na América do Norte têm uma prevalência mais elevada, cerca de 100 a 350 por 100 000 habitantes. [6]Os asiáticos no Japão e na China e os negros africanos têm taxas mais baixas, cerca de um quinto a um décimo das taxas dos brancos no Mississipi, EUA.

[5]A prevalência foi ligeiramente mais elevada nos homens do que nas mulheres e situou-se entre 1,2:1 e 1,5:1 .

O início da doença de Parkinson dá-se entre os 50 e os 60 anos de idade.

Desenvolvem-se gradualmente ao longo do tempo, mas também se observa um início precoce (~40).

2) Sinais e sintomas

A) DPI (doença de Parkinson idiopática*) : A DPI é uma doença neurodegenerativa progressiva que afecta os movimentos. A DPI ocorre esporadicamente e representa a quase totalidade da doença de Parkinson (DP).
*Idiopático significa causas desconhecidas.

a) Sintoma motor

Tremor: O tremor é um sintoma inicial comum da doença de Parkinson. Afecta a mão, o braço e a perna, especialmente os dedos, conhecido como "pill rolling". Normalmente, o tremor começa num lado e desenvolve-se gradualmente em ambos os lados. No entanto, os sintomas variam de pessoa para pessoa. O tremor também ocorre no queixo, nos lábios e na língua. A frequência do tremor da DP situa-se entre 4 e 6 Hertz (ciclos por segundo). O tremor ocorre em repouso e desaparece com o movimento voluntário ou durante o sono. É difícil distinguir a doença de Parkinson do tremor essencial (TE), que ocorre durante o movimento voluntário.

Rigidez: A rigidez muscular ocorre em qualquer parte do corpo e provoca dor. Nas fases iniciais da doença de Parkinson, é mais provável que os músculos do pescoço e dos ombros sejam afectados do que a face e as extremidades. À medida que a doença progride, a rigidez é normalmente

afecta todo o corpo e limita a capacidade de movimento. Os

doentes com doença de Parkinson apresentam frequentemente os sintomas de agitação (regidez da roda dentada) e de resistência das articulações (regidez do tubo de chumbo).

Bradicinesia: Não está presente nas fases iniciais da doença de Parkinson e desenvolve-se com o tempo. Início lento dos movimentos e dificuldade com movimentos rápidos, resultando numa marcha lenta, início lento da marcha e comprimento da passada encurtado.

Os doentes com doença de Parkinson têm frequentemente problemas em realizar tarefas de rotina, como comer e vestir-se. Muitos doentes de Parkinson notam alterações na sua caligrafia, o que é conhecido como micrografia.

À medida que a doença progride, verifica-se uma falta de movimento. Observa-se também um rosto mascarado e a fala soa monótona.

Instabilidade postural: deve-se à perda do reflexo postural. Não é frequente nas fases iniciais, mas este sintoma é um fator importante na qualidade de vida. As perturbações do equilíbrio são uma causa comum de hospitalização e de mortalidade na doença de Parkinson.

b) Sintoma não motor

Sabe-se que os sintomas não motores ocorrem antes dos sintomas motores. Este invisível

O sintoma é incómodo para os doentes de Parkinson. Nas fases iniciais da doença de Parkinson, a obstipação e a perda de odor têm merecido recentemente uma atenção acrescida.

Prisão de ventre: Quase todos os doentes de Parkinson sofrem de prisão de ventre. Isto deve-se à própria doença de Parkinson, mas a falta de exercício físico e a perturbação do trato gastrointestinal também são concebíveis.

Perda do olfato: Os doentes com doença de Parkinson não têm consciência dos seus défices olfactivos. No entanto, dados recentes sugerem que mais de 90% das pessoas com doença de Parkinson têm uma perda significativa do olfato.

Outro sintoma não motor:

*Disfunção autonómica (exceto obstipação): Hipotensão ortostática: os doentes de Parkinson têm tendência para ter uma queda da pressão arterial.

*Disfunção do trato urinário: A micção frequente, a dificuldade em urinar e a incontinência são observadas nas fases mais avançadas da doença de Parkinson.

*Olhos lacrimejantes: são provocados pela redução dos movimentos da boca e pela dificuldade em engolir.

*Transpiração excessiva: A transpiração ocorre em todo o corpo, especialmente na parte inferior do corpo. Devido à obstrução da transpiração, a febre acima é por vezes. Por outro lado, observa-se uma transpiração excessiva na parte superior do corpo ou no rosto, sem movimento.

*Disfunção sexual: É difícil manter uma ereção nos homens e o interesse diminui tanto nos homens como nas mulheres.

*Depressão e ansiedade: A depressão ocorre em 40-50% dos doentes de Parkinson e a ansiedade está frequentemente associada à doença de Parkinson.

*Alucinação: refere-se ao facto de ver, ouvir e sentir coisas que não existem. Podem ocorrer como efeito secundário da terapêutica medicamentosa. Geralmente ocorrem nas fases mais avançadas dos doentes com Parkinson.

*Engano: São pensamentos invulgares que não se baseiam na realidade. Incluem frequentemente a traição ao cônjuge e o roubo. Pode ocorrer como efeito secundário da terapêutica medicamentosa. Ocorre na doença de Parkinson avançada.

*Insónia: os doentes com doença de Parkinson têm mais problemas em manter o sono do que em adormecer. E RBD (distúrbio comportamental do sono REM) sem a paralisia normal que ocorre durante o sono REM (movimento rápido dos olhos) normal. Observa-se também a síndrome das pernas inquietas (RLS).

*Deficiência cognitiva e demência: factores comuns

Os sintomas incluem dificuldades de planeamento, concentração da atenção, lentidão de raciocínio e perturbações da memória. Estes sintomas ocorrem em doentes com Parkinson em estado avançado.

*Dor: Quase todos os doentes com doença de Parkinson sofrem de dores musculares e cãibras com dor. A dor é mais frequente na coluna lombar, seguida do braço, das costas e do ombro.

B) Doença de Parkinson familiar (FPD):

Em 5 a 10% dos casos de doença de Parkinson, existe um historial familiar de doença de Parkinson. Foram encontradas mutações genéticas em casos familiares. Uma delas é autossómica dominante e a outra autossómica recessiva. [7]No padrão autossómico dominante, os genes LRRK2 ou SNCA estão envolvidos. Se um dos progenitores tiver estes factores, existe uma probabilidade de 50% de o doente desenvolver a doença. [8]No padrão autossómico recessivo, estão envolvidos os genes PARK7, PINK1 ou PRKN. Se ambos os pais tiverem estes factores, existe uma probabilidade de 25% de o doente desenvolver a doença.

Nas fases iniciais, os doentes com FPD começam normalmente com perturbações da marcha, não com tremores. Há relatos de benefícios para o sono*.

C) A doença de Parkinson nas fases iniciais

Quase todos os casos de Parkinson que começam antes

dos 21 anos de idade são familiares. [9]Se um doente for diagnosticado com Parkinson entre os 21 e os 40 anos de idade, a doença é designada por Parkinson de início jovem. Nas fases iniciais, a doença de Parkinson de início jovem começa normalmente com perturbações da marcha e algum tremor. A doença progride lentamente e a medicação é eficaz contra ela. No entanto, as discinesias (movimentos involuntários) são frequentes e por vezes graves. Foi registada uma melhoria do sono. A demência não é reconhecida.*Benefício do sono: se o doente estiver num sono profundo, o medicamento é eficaz, em contrapartida, não é eficaz num sono superficial.

*Parkinsonismo: Todas as doenças que apresentam os sintomas da doença de Parkinson.

3) Causas

Existem 10 mil milhões de neurónios no cérebro humano. Cérebro. Um neurónio é uma célula eletricamente excitável que processa e transmite informações através de sinais eléctricos e químicos. Uma sinapse é o ponto de passagem entre dois neurónios.

Uma sinapse química típica é constituída por um neurónio pré-sináptico e um neurónio pós-sináptico. O botão terminal do axónio do neurónio pré-sináptico contém microtúbulos, mitocôndrias e vesículas que contêm neurotransmissores. Estes neurotransmissores são libertados na fenda sináptica. Através da fenda, os neurotransmissores ligam-se aos receptores de membrana do neurónio pós-sináptico.

A dopamina é um dos neurotransmissores, A serotonina, a adrenalina, a noradrenalina e a acetilcolina. Entre eles, a dopamina é um neurotransmissor que regula os movimentos e as reacções emocionais.

a) Dopamina

A biossíntese da dopamina requer L-tirosina, coenzimas e cofactores. Os coenzimas incluem a piridoxina, o fosfato de piridoxal, o ácido fólico, o ácido tetrahidrofólico, a nicotinamida, o NADPH e o NADP. Os cofactores incluem o ferro, o zinco

e manganês.

Sabe-se que a doença de Parkinson é causada por uma deficiência ou por uma atividade deficiente da enzima de biossíntese da dopamina.

Na doença de Parkinson, a dopamina, que é produzida nas células nervosas da substância negra no mesencéfalo, é reduzida.

Em geral, a dopamina é gradualmente degradada com o aumento da idade, mas a taxa de degradação da dopamina é mais elevada na doença de Parkinson.

Quando o nível de dopamina desce, surgem vários sintomas da doença de Parkinson. Estas células nervosas decompõem-se ou morrem por razões desconhecidas. A aglomeração de determinadas substâncias, os chamados corpos de Lewy, que podem ser observados na substância negra, são a marca microscópica da doença de Parkinson. Presume-se também que a proteína alfasinucleína desempenha um papel importante na formação dos corpos de Lewy.

Os receptores de dopamina são constituídos por D1, D2, D3, D4 e D5. Os receptores D2,3,4 têm um efeito inibitório na contração muscular, enquanto os D1,5 têm um efeito estimulante. Os receptores D2,3,4 são mais fortes do que os receptores D1,5.
A acetilcolina também estimula a contração muscular e é influenciada pelos receptores de dopamina.

A contração muscular excessiva ocorre nos doentes de Parkinson devido à redução da dopamina.

b) Causas tóxicas

Alguns tipos de pesticidas e produtos químicos são conhecidos como factores ambientais para as causas tóxicas da doença de Parkinson.

Os pesticidas incluem o paraquato e o rotenão.
O paraquato é utilizado como herbicida e a rotenona
como inseticida na agricultura e na horticultura.

Tanto o paraquato como a rotenona parecem
atrofiar os neurónios dopaminérgicos através da
produção de radicais livres.

Os produtos químicos incluem cobre, chumbo,
manganês e mercúrio.

c) Genética

Em quase todos os doentes com doença de
Parkinson, a doença surge depois dos 50 anos de
idade. No entanto, cerca de 10% dos doentes com
doença de Parkinson têm uma causa genética. A
causa genética está associada à doença de Parkinson
familiar.

4) Diagnóstico

a) IPD

A DPI é uma doença de Parkinson idiopática, também conhecida como DP. A DPI é diferente da síndrome de Parkinson e dos Parkinsonismos.

Há uma série de doenças que se assemelham aos sintomas da doença de Parkinson. Estas incluem o parkinsonismo, incluindo o tremor essencial, o parkinsonismo vascular, o parkinsonismo induzido por drogas, a PSP (paralisia supra-atómica progressiva), a MSA (atrofia de múltiplos sistemas) e a CBD (degeneração corticobasal).

O mais importante para o diagnóstico é uma visita a um neurologista especializado na doença de Parkinson. É importante reconhecer e tratar a doença de Parkinson numa fase inicial. O fator decisivo é saber se os sintomas são causados pela doença de Parkinson ou por uma doença semelhante, como o parkinsonismo.

O tratamento da doença de Parkinson é longo, pelo que é importante que um neurologista experiente elabore um plano de tratamento adequado.

A terapia medicamentosa para a doença de Parkinson desempenha um papel central e varia de pessoa para pessoa.

A doença de Parkinson é uma doença causada pela degeneração da substância negra do mesencéfalo. A doença de Parkinson não é detectada por análises de rotina, como análises ao

sangue ou à urina, nem por TAC ou RMN do
cérebro. Por conseguinte, o interrogatório e o
exame neurológico efectuados por um neurologista
são essenciais.
muito importante.

[10)]A escala mais comummente utilizada para
avaliar os sintomas é a United Parkinson Disease
Rating Scale (UPDRS) . [11)]Também é utilizada a
Escala de Actividades da Vida Diária de Schwab e
England. [12)]A escala de Hoen e Yahr é utilizada
para classificar a gravidade da doença de
Parkinson.

UPDRS

I. Mentalidade, comportamento e humor

1. Deficiência mental

0= Nenhum.
1= Ligeiro. Esquecimento persistente com
   recordação parcial de acontecimentos e sem
   outras dificuldades.
2= Perda de memória moderada com desorientação
   e dificuldade moderada em lidar com
   problemas complexos. Comprometimento
   ligeiro mas definitivo da função doméstica com
   necessidade ocasional de assistência.
3= Perda de memória grave com desorientação
   temporal e muitas vezes também espacial.
   Grave incapacidade de lidar com os problemas.

4= Perda de memória grave, restando apenas a
   orientação para a pessoa. Incapaz de fazer
   juízos de valor ou resolver problemas.
   Necessita de muita ajuda nos cuidados pessoais.
   Não consegue

   não foi deixado em paz de todo.

2. Perturbação do pensamento (devido a demência ou
    intoxicação por drogas)

   0= Nenhum.
   1= Sonho vívido.
   2= Alucinações "benignas" com perspicácia
      preservada.
   3= Alucinações ou delírios ocasionais a frequentes;
      sem discernimento; podem interferir com as
      actividades diárias.
   4= Alucinações persistentes, delírios ou psicoses
      floridas. Não é capaz de cuidar de si próprio.

3. Depressão

   1= Períodos de tristeza ou culpa que são maiores do
      que o normal e nunca duram dias ou semanas.
   2= Depressão persistente (1 semana ou mais).
   3= Depressão persistente com sintomas vegetativos
      (insónia, perda de apetite, perda de peso, perda
      de interesse).

4= Depressão persistente com sintomas vegetativos e pensamentos ou intenções suicidas.

0= Normal

1= Menos assertivo do que o habitual; bastante passivo.

2= Perda de iniciativa ou desinteresse por actividades voluntárias (não rotineiras).

3= Perda de iniciativa ou desinteresse pelas actividades quotidianas (de rotina).

4= Retirada, perda total de motivação.

II. Actividades da vida quotidiana (tanto para "ligado" como para "desligado")

5. Língua

0= Normal.

1= Ligeiramente afetado. Sem dificuldades em ser compreendido.

2= Moderadamente afetado. Por vezes, é-lhes pedido que repitam afirmações.

3= Fortemente afetado. Pedido frequente de repetição de afirmações.

4= Quase incompreensível.

6. Salivação

0= Normal.

1= Excesso ligeiro mas evidente de saliva na boca;

eventualmente baba nocturna.
2= Salivação moderadamente excessiva;
   possivelmente baba mínima.

3= Excesso significativo de saliva com alguma baba.
4= Baba intensa, requer lenço de papel ou lenço de
   papel constantemente.

7. Ingestão

0= Normal.
1= Sufocação rara.
2= Vómito ocasional.
3= Necessita de alimentos moles.
4= Necessita de alimentação por sonda NG ou
gastrotomia

8. Escrita à mão

0= Normal.
1= Um pouco lento ou pequeno.
2= Moderadamente lento ou pequeno; todas as
   palavras são legíveis.
3= Deficiência grave; nem todas as palavras são
legíveis.
4= A maioria das palavras não é legível.

9. Cortar alimentos e manusear utensílios

0= Normal.

1= Um pouco lento e desajeitado, mas não precisa de ajuda.

2= Consegue cortar a maioria dos alimentos, embora seja desajeitado e

lento; é necessária ajuda.

3= A comida tem de ser cortada por alguém, mas consegue comer devagar.

4= Deve ser alimentado.

10. Vestir

0= Normal.

1= Um pouco lento, mas não é necessária ajuda.

2= Ajuda ocasional para abotoar, introduzir os braços nas mangas.

3= Necessita de uma ajuda significativa, mas pode fazer algumas coisas sozinho.

4= Desamparado.

11. Higiene

0= Normal.

1= Um pouco lento, mas não é necessária ajuda.

2= Precisa de ajuda para tomar banho ou duche; ou muito lento com a higiene pessoal.

3= Precisa de ajuda para se lavar, lavar os dentes, pentear o cabelo, ir à casa de banho.

4= Cateter de Foley ou outros dispositivos mecânicos.

12. **Virar-se na cama e ajustar a roupa de cama**

0= Normal.
1= Um pouco lento e desajeitado, mas não ajuda

necessário.
2= Pode rodar sozinho ou ajustar as lâminas, mas com
grande dificuldade.
3= Pode iniciar o processo, mas não pode rodar ou
ajustar as lâminas por si só.
4= Desamparado.

13. **Quedas (independentemente do congelamento)**

0= Nenhum.
1= Armadilha rara.
2= Queda ocasional, menos de uma vez por dia.
3= Cai em média uma vez por dia.
4= Quedas mais do que uma vez por dia.

14. **Congelamento ao caminhar**

0= Nenhum.
1= Raros congelamentos ao caminhar; possível atraso
no arranque.
2= Congelamento ocasional ao caminhar.
3= Congelamento frequente. Quedas ocasionais
devido ao congelamento.

4= Quedas frequentes devido ao congelamento.

Ir

0= Normal.
1= Dificuldade ligeira. Não consegue balançar os
   braços ou tem tendência para puxar a perna.
2= Dificuldade moderada, mas requer pouca ou
   nenhuma ajuda.
3= Deficiência grave de marcha que requer
   assistência.
4= Não consegue andar de todo, mesmo com ajuda.

16. **Tremor (queixas sintomáticas de tremores em
     qualquer parte do corpo)**

0= Ausente.
1= Pouco importante e raramente presente.
2= Moderado; incómodo para o doente.
3= Grave; prejudica muitas actividades.
4= Grave; interfere com a maioria das actividades.

17. **Perturbações sensoriais relacionadas com o
     Parkinsonismo**

0= Nenhum.
1= Dormência ocasional, formigueiro ou dor ligeira.
2= Tem frequentemente dormência, formigueiro ou
   dor; não é preocupante.

3= Sensações dolorosas frequentes.

4= dor insuportável.

111. Ensaios motorizados

18. Língua

0= Normal.

1= Ligeira perda de expressão, dicção e/ou volume.

2= Monótono, indistinto mas compreensível;
   moderadamente afetado.

3= Deficiência grave, difícil de compreender.

4= incompreensível.

19. Expressão facial (cabeça, membros superiores e inferiores)

0= Normal.

1= Hipomimia mínima, pode ser uma "cara de poker"
   normal.

2= Ligeira, mas claramente anormal, perturbação da
   expressão facial.

3= Hipomimia moderada; os lábios estão ocasionalmente
   entreabertos.

4= Rosto mascarado ou imóvel com perda grave ou total
   da expressão facial; lábios abertos pelo menos 1/4 de
   polegada.

20. Tremor em repouso

0= Ausente.

1= Pouco importante e raramente presente.

2= Ligeiro em amplitude e persistente. Ou moderada em amplitude, mas apenas esporadicamente presente.

3= Amplitude moderada e presente na maior parte do tempo.

4= Fortemente pronunciado e presente na maior parte do tempo.

21. Tremor de ação ou postural das mãos (avaliado através do movimento passivo das articulações mais importantes com o doente numa posição sentada relaxada. Os movimentos de roda dentada devem ser ignorados).

0= Ausente.

1= Menor; com ação disponível.

2= Amplitude moderada, disponível com ação.

3= Amplitude moderada, tanto na manutenção da postura como durante a ação.

4= Manifestação grave; prejudica a ingestão de alimentos.

22. Rigidez (O doente bate no polegar com o indicador em sucessão rápida).

0= Ausente.

1= Ligeiramente ou apenas reconhecível quando ativado por espelhos ou outros movimentos.

2= Ligeiro a moderado.

3=Marcado, mas a amplitude total do movimento é

facilmente alcançada.

4= Grande amplitude de movimentos conseguida com dificuldade.

23. Batimento dos dedos (o doente abre e fecha as mãos em sucessão rápida).

0= Normal.

1= Ligeiro abrandamento e/ou redução da amplitude.

2= Moderadamente afetado. Cansaço significativo e precoce. Podem ocorrer restrições ocasionais de movimentos.

3= Deficiência grave. Hesitação frequente ao iniciar os movimentos ou hesitação no movimento em curso.

4= Dificilmente consegue cumprir a tarefa.

24. Movimentos das mãos (movimentos de pronação-supinação das mãos, verticais e horizontais, com a maior amplitude possível, com as duas mãos em simultâneo)

0= Normal.

1= Ligeiro abrandamento e/ou redução da amplitude.

2= Moderadamente afetado. Cansaço significativo e precoce. Podem ocorrer restrições ocasionais de movimentos.

3= Deficiência grave. Hesitação frequente ao iniciar os movimentos ou vacilação durante os movimentos em curso.

4= Dificilmente consegue cumprir a tarefa.

25. Movimentos rápidos e alternados das mãos (o doente bate
no chão com o calcanhar em sucessão rápida e levanta a
perna inteira. A amplitude deve ser de pelo menos 3

costumes).

0= Normal.
1= Ligeiro abrandamento e/ou redução da amplitude.
2= Moderadamente afetado. Cansaço significativo e
precoce. Podem ocorrer restrições ocasionais de
movimentos.
3= Deficiência grave. Hesitação frequente ao iniciar os
movimentos ou vacilação durante os movimentos em
curso.
4= Dificilmente consegue cumprir a tarefa.

26. Mobilidade das pernas (o doente tenta levantar-se de uma
cadeira com o encosto direito, com os braços cruzados à
frente do peito).

0= Normal.
1= Ligeiro abrandamento e/ou redução da amplitude.
2= Moderadamente afetado. Cansaço significativo e
precoce. Podem ocorrer restrições ocasionais de
movimentos.
3= Deficiência grave. Hesitação frequente ao iniciar os
movimentos ou vacilação durante os movimentos em
curso.
4= Dificilmente consegue cumprir a tarefa.

27. A partir da cadeira

0= Normal.
1= Lento; ou pode exigir mais do que uma tentativa.

2= Empurra-se para cima a partir dos braços do banco.
3= Tende a cair para trás e pode ter de tentar várias vezes, mas consegue levantar-se sem ajuda.
4= Incapaz de se levantar sem ajuda.

28. Postura

0= Normalmente montado.
1= Postura não totalmente direita, ligeiramente inclinada; pode ser normal em pessoas idosas.
2= Postura moderadamente inclinada, claramente anormal; pode estar ligeiramente inclinada para um lado.
3= Postura fortemente inclinada com cifose; pode estar moderadamente inclinada para um lado.
4= Flexão grave com anomalia postural extrema.

29. Marcha (reação a uma deslocação súbita e forte para trás produzida por um puxão nos ombros enquanto o doente está de pé, com os olhos abertos e os pés ligeiramente afastados). O doente está preparado).

0= Normal.
1= Caminha lentamente, pode baralhar-se com passos curtos, mas sem consolidação (passos acelerados) ou movimento para a frente.

2= Caminha com dificuldade, mas requer pouca ou
nenhuma assistência; pode ter alguma força, passos
curtos ou alguma propulsão.
3= Perturbação grave da marcha que requer assistência.
4= Não consegue andar de todo, mesmo com ajuda.

30. Estabilidade postural (combinação de lentidão, hesitação,
redução do balanço dos braços, baixa amplitude e falta
geral de movimento).

0= Normal.
1= Retropulsão, mas recupera sem ajuda.
2= Falta de reação postural; cairia se não fosse apanhado
pelo examinador.
3= Muito instável, tende a perder o equilíbrio
espontaneamente.
4= Incapaz de se manter de pé sem ajuda.

31. Bradicinesia e hipocinesia do corpo

0= Nenhum.
1= Desaceleração mínima que confere ao movimento um
carácter deliberado; pode ser normal para algumas
pessoas. Possivelmente amplitude reduzida.
2= Grau ligeiro de lentidão e falta de movimento que é
definitivamente anormal. Alternativamente: amplitude
ligeiramente reduzida.
3= Lentidão moderada, pobreza ou pequena amplitude de
movimentos.

4= Lentidão pronunciada, pobreza ou pequena amplitude
de movimentos.

IV. Complicações da terapêutica (na última semana)

A. Discinesia

32. Duração: Qual é a proporção de discinésias durante o dia
de vigília? (Informação histórica.)

0= Nenhum
1= 1-25% do dia.
2= 26-50% do dia.
3= 51-75% do dia.
4= 76-100% do dia.

33. Incapacidade: Em que medida as discinesias são
incapacitantes? (Informação histórica; pode ser modificada
pela investigação na prática).

0= Não desativar.
1= Ligeiramente incapacitante.
2= Moderadamente incapacitante.
3= Deficiência grave.
4= Completamente desativado.

34. Discinesias dolorosas: Quão dolorosas são as discinesias?

(Informação histórica.)

0= Sem hérnias discais dolorosas.
1= Menor.

2= Moderado.
3= Sério.
4= Marcado.

35. Presença de distonia de manhã cedo

0= Não
1= Sim

8. Flutuações clínicas

36. Os tempos "livres" são previsíveis?

0= Não
1= Sim

37. As fases "off" são imprevisíveis?

0= Não
1= Sim

38. As fases "off" ocorrem subitamente, em poucos segundos?

0= Não
1= Sim

39. Qual é, em média, a proporção do dia em que o doente
está "desligado"?

0= Nenhum.
1= 1-25% do dia.
2= 26-50% do dia.
3= 51-75% do dia.
4= 76-100% do dia.

C. Outras complicações

40. O doente sofre de perda de apetite, náuseas ou vómitos?

0= Não
1= Sim

41. Existem perturbações do sono, como insónias ou
hipersonolência? (Registar a tensão arterial, a altura e o
peso do doente no formulário de avaliação)

0= Não
1= Sim

42. O doente tem ortostatismo sintomático?

0= Não
1= Sim

**Escala de Schwab e England para as actividades da vida
diária**

100%= Totalmente independente. Capaz de efetuar todas as tarefas sem lentidão, dificuldade ou prejuízo. Essencialmente normal. Não tem conhecimento de quaisquer dificuldades.

90%= Totalmente independente. Capaz de realizar todas as tarefas com algum grau de lentidão, dificuldade e incapacidade. Pode demorar o dobro do tempo. Começa a aperceber-se das dificuldades.

80%= Completamente independente para a maioria das tarefas. Demora o dobro do tempo. Tem consciência da dificuldade e da lentidão.

70%= Não totalmente independente. Mais dificuldades nalgumas tarefas. Três a quatro vezes mais tempo para algumas tarefas. Tem de passar uma grande parte do dia a fazer tarefas domésticas.

60%= Alguma dependência. É capaz de efetuar a maioria das tarefas, mas muito lentamente e com muito esforço. Erros, alguns impossíveis.

50%= Mais dependente. Ajuda em metade das tarefas domésticas. Dificuldade em tudo.

40%= Muito dependente. Pode ajudar em todas as tarefas, mas pouco sozinho.

30%= Com dificuldade, efectua ocasionalmente algumas tarefas sozinho ou começa sozinho. Precisa de muita ajuda.

20%= Nada sozinho. Pode facilmente ajudar em algumas tarefas domésticas. Deficiência grave.

10%= Completamente dependente, desamparado. Completamente inválido.

0%= As funções vegetativas como a deglutição, a bexiga e o intestino não funcionam. Acamado.

Höhn e Yahr

Nível um

1 Sinais e sintomas num só lado
2 Sintomas ligeiros
3 Sintomas desagradáveis mas não incapacitantes
4 Geralmente com tremor de um membro
5 Os amigos notaram alterações na postura, nos movimentos e na expressão facial.

Segunda fase

1 Os sintomas são bilaterais
2 Incapacidade mínima
3 Perturbação da postura e da marcha

Terceira fase

1 Lentidão significativa dos movimentos do corpo
2 Diminuição prematura do equilíbrio ao andar ou ficar de

pé

3 Disfunção generalizada e moderadamente grave

Quarta fase

1 Sintomas graves

2 Ainda pode andar de forma limitada

3 Rigidez e bradicinesia

4 Já não é capaz de viver sozinho

5 O tremor pode ser menor do que nas fases anteriores
Nível cinco

1 Fase Cachectic

2 Incapacidade total

3 Não se consegue levantar ou andar

4 Necessita de cuidados de enfermagem constantes

Imagiologia

DAT scan: **O diagnóstico da doença de Parkinson baseia-se
normalmente no exame físico e no interrogatório do doente,
por exemplo, com a UPDRS. O exame DAT é um dos métodos
de avaliação em que os radioisótopos são utilizados em
medicina. [123]No exame DAT, o I-FP-CIT (Ioflupano) é
injetado por via intravenosa. O Ioflupano tem uma semi-vida
de 13,27 horas e produz raios y (gama) (159KeV). Esta
radiação y é projectada numa câmara gama e depois
reconstruída utilizando uma aplicação especial como a
SPECT (Tomografia Computorizada de Emissão de Fotão
Único).
Uma parte do ioflupano é absorvida pelo cérebro no espaço
de dez minutos e é atribuída ao transportador de dopamina no**

striatum (núcleo caudado e putamen). São principalmente excretados na urina e nas fezes.

Os medicamentos com elevada afinidade para os transportadores de dopamina, como a cocaína, anfetaminas, metilfenidato, benzatropina, buproprion e mazindol, devem ser evitados antes do exame.

[13]As imagens SPECT (tomografia computorizada de emissão de fotões únicos) são classificadas em 4 níveis de acordo com a classificação de Benamer. A definição da classificação de Benamer inclui (Fig. 1);

Normal: captação do traçador em ambos os lados no putâmen e no caudado e largamente simétrica

Anormal de grau 1: Imagem assimétrica com atividade normal ou quase normal do putâmen num hemisfério e com uma maior redução no putâmen contralateral

Anormal grau 2: Redução bilateral significativa da captação no putamen, com atividade limitada aos núcleos caudados

Anormal grau 3: Registo praticamente ausente em ambos os lados, tanto no putamen como no núcleo caudado

O exame DAT é útil não só para o diagnóstico da doença de Parkinson, mas também para a progressão da doença. No exame DAT, a doença de Parkinson pode ser diferenciada do tremor essencial [Fig. 2(a)], do parkinsonismo vascular, do parkinsonismo induzido por fármacos, etc.

No entanto, sabe-se que a DP não é capaz de se distinguir da MSA (Atrofia de Sistemas Múltiplos), da PSP (Paralisia Supranuclear Progressiva) e da CBD (Degeneração Corticobasal).[14]

[15][16]Temos também de ter em conta o SWEDD (exames sem evidência de défice dopaminérgico), a DP sem défice dopaminérgico e a diminuição gradual da captação no striatum com o envelhecimento, até certo ponto.

[17][18] Os exames PET são também utilizados para investigar o metabolismo da glicose na química cerebral, por exemplo, a diminuição da atividade do DAT (transportador de dopamina) e da atividade do AADC* , VMAT2* , que se localiza no terminal dopaminérgico pré-sináptico.

*AADC (descarboxilase de aminoácidos aromáticos):
    Conversão da L-dopa em dopamina.
*VMAT2 (transportador vesicular de monoamina):
    Transporte de dopamina do citosol celular para a vesícula sináptica.

A cintigrafia cardíaca com MIBG (metaiodobenzilguanidina) é uma ferramenta sensível para a deteção da desnervação simpática na doença de Parkinson e pode ser útil para diferenciar a doença de Parkinson da AMS (atrofia de múltiplos sistemas) [Fig. 2(b)].[19]

MRI (ressonância magnética): Nos doentes com Parkinson, os resultados são

de intensidade variável na substância negra, que, no entanto, não é específica da doença de Parkinson [Fig. 2(c)].

TC (tomografia computorizada): Não existem achados

específicos para a DP. O principal objetivo é excluir outras doenças, como doenças vasculares, tumores, etc.

b)Diagnóstico diferencial (Parkinsonismos atípicos)

1) Parkinsonismo vascular

O parkinsonismo vascular é causado por múltiplos enfartes, incluindo os gânglios basais. Os sintomas graves ocorrem nos pés, enquanto os sintomas nas mãos são ligeiros. O tremor é menos pronunciado do que na DP. A L-dopa é menos eficaz.

2) Parkinsonismo induzido por medicamentos (PID)

Os antipsicóticos, antiepilépticos, procinéticos gastrointestinais, bloqueadores dos canais de cálcio induzem parkinsonismo (PID).

O parkinsonismo ocorreu durante vários dias ou várias semanas após a toma destes medicamentos. O tremor em repouso é menos frequente e a acinesia e a rigidez ou discinesia são acentuadas. Em geral, a L-dopa é menos eficaz na DIP. A descontinuação do medicamento é mais eficaz para manifestações clínicas que persistem durante longos períodos de tempo.

3) Atrofia de múltiplos sistemas (MSA)

A causa é desconhecida, mas nas fases iniciais surgiram sintomas semelhantes aos da doença de Parkinson. O caso com sintomas pronunciados da doença de Parkinson foi denominado SND (degeneração estriatonigral). O caso com sintomas cerebelares foi denominado OPCA (atrofia cerebelar olivopontina).

O caso com disautonomia foi rotulado de SDS (síndrome de Shy-Drager). Atualmente, estas doenças são divididas em MSA-P (MSA com parkinsonismo predominante) e MSA-P (MSA com ataxia cerebelar predominante) com base nos sintomas clínicos.

Em particular, é por vezes muito difícil distinguir a MSA-P da doença de Parkinson. O tremor em repouso e a assimetria dos sintomas não são normalmente detectados. São frequentemente encontrados sintomas cerebelares, como tonturas ao acordar e disautonomia.

Na AMS, uma ressonância magnética do cérebro revela atrofia do estriado, do cerebelo e da ponte (Fig. 3). A disfunção motora progride mais rapidamente do que na doença de Parkinson e o prognóstico é mau.

4) PSP (Paralisia Supranuclear Progressiva) Sintomas semelhantes aos da doença de Parkinson ocorrem na fase inicial. O tremor em repouso e a simetria do sintoma não são relativos. Na fase inicial, os doentes com PSP caem para trás. Também se observa uma perturbação dos movimentos oculares. Observam-se também alterações de carácter e perturbações psicomotoras. À medida que a doença progride, surgem perturbações cognitivas e dispepsia. A progressão desta doença é mais rápida do que a da doença de Parkinson, pelo que os doentes com PSP

ficam por vezes acamados ao fim de apenas alguns anos. A atrofia do tegmento no mesencéfalo é caraterística da RM do cérebro [Fig. 4 (a)]. [123]A imagem tardia do cintigrama de I-MIBG mostra uma imagem normal no ventrículo esquerdo, na cárdia, com uma relação H/M (coração/mediastino) [Fig. 4 (b)].

No exame DAT, a acumulação no putamen esquerdo é reduzida e não pode ser distinguida da DP [Fig. 4 (c)].

5) CBD (degeneração corticobasal)

A CBD é uma doença neurodegenerativa progressiva em que os sintomas do parkinsonismo e do córtex cerebral, como a ataxia e a afasia, ocorrem simultaneamente.

Por último, os doentes com CBD queixam-se de que o membro afetado não parece fazer parte do corpo. O sintoma não é simétrico. O sintoma não é simétrico. A CBD ocorre tipicamente após a meia-idade e a progressão da doença é lenta. Por vezes, há um défice cognitivo. A RMN do cérebro mostra uma atrofia assimétrica [Fig. 5 (a)]. No exame DAT, a acumulação do striatum está reduzida [Fig. 5 (b)]. [123]O cintigrama de I-MIBG mostra uma imagem normal com rácio H/M [Fig. 5 (c)]. [99M]O fluxo sanguíneo cerebral unilateral está reduzido no Tc-ECD-SPECT [Fig. 5 (d)].

6) LBD (Demência de corpos de Lewy)

As proteínas especiais, conhecidas como corpos de

Lewy, acumulam-se no córtex cerebral. Isto leva a tremores e demência progressiva. Delírios e ilusões ocorrem frequentemente nas fases iniciais.
No exame DAT, tal como na doença de Parkinson, existe um défice no striatum.

7) iNPH (hidrocefalia de pressão normal idiopática)
A iNPH é uma doença do cérebro em que o excesso de líquido cefalorraquidiano se acumula nos ventrículos do cérebro. Provoca problemas ao acordar, demência e incontinência urinária. Caracteriza-se por um corpo curvado para a frente e uma marcha com as pernas bem afastadas. Não se observam tremores. A tomografia computorizada do cérebro revela um aumento dos ventrículos.

A melhoria dos sintomas é conseguida através de uma operação de derivação.

8) Doença metabólica
O hipotiroidismo é um distúrbio de deficiência da hormona da tiroide. Observam-se sintomas semelhantes aos da doença de Parkinson. A pessoa fica sem expressão, deprimida e tem problemas de comportamento. Esta doença é diagnosticada através de uma análise ao sangue.

O hipertiroidismo é uma doença que se caracteriza por um excesso de hormonas da tiroide. O tremor é sempre observado.

A doença de Wilson é uma doença hereditária em que o Cu (cobre) se acumula no fígado e no cérebro. Os sintomas são semelhantes aos da doença de Parkinson.
O valor de Cu medido no soro e na excreção de urina é decisivo.

9) Envenenamento por monóxido de carbono
Os sintomas de envenenamento por monóxido de carbono incluem perturbação da consciência, demência, distonia, parkinsonismo e ataxia cerebelar.

10) Tremor essencial
O tremor essencial é uma doença neurológica que provoca tremores involuntários e rítmicos. Esta doença tem uma taxa de prevalência de 1 em 100 e é mais comum do que a doença de Parkinson.

O tremor ocorre mais frequentemente nas mãos quando se tenta realizar uma tarefa simples. O tremor não ocorre em repouso, mas intensifica-se quando se tenta fazer alguma coisa (tremor de intenção). Na doença de Parkinson, por outro lado, o tremor ocorre em repouso e pára quando se tenta fazer alguma coisa. O tremor no tremor essencial é mais rápido do que na doença de Parkinson e é intensificado pelo stress psicológico e reduzido pelo consumo de álcool ou sedação. Não é necessária terapia.

5) Terapia

O tratamento da doença de Parkinson inclui terapia medicamentosa, terapia cirúrgica e terapia de reabilitação.

a) Terapêutica medicamentosa

A terapia medicamentosa é um requisito básico para o tratamento da doença de Parkinson.

Não existe nenhum medicamento para tratar completamente a doença de Parkinson, mas alguns medicamentos atrasam o mais possível a progressão da doença de Parkinson e controlam a doença. O objetivo da terapêutica medicamentosa é tornar a vida quotidiana mais confortável através do controlo dos sintomas da doença de Parkinson. Na doença de Parkinson, a velocidade de progressão, o tipo e a gravidade da doença variam de doente para doente. Consoante o sintoma, o tipo e a quantidade de medicação variam. Na doença de Parkinson, o neurotransmissor dopamina diminui no cérebro. A terapia medicamentosa tem, por isso, como objetivo compensar a deficiência de dopamina. O principal medicamento é a L-dopa e um agonista da dopamina.

A dopamina não consegue passar a barreira hemato-encefálica (BBB). A L-dopa consegue passar a BBB. A L-dopa entra então no cérebro e forma dopamina nos neurónios dopaminérgicos através da enzima L-aminoácido aromático descarboxilase. (AADC).

Inicialmente, a L-Dopa é eficaz em vários sintomas motores da doença de Parkinson, sendo possível observar resultados precoces. No entanto, a utilização prolongada do medicamento provoca frequentemente um sintoma associado, o "efeito de desgaste", que se repete num dia para melhorar ou piorar, e "discinesias", em que o corpo se move aleatoriamente devido à redução da produção de dopamina endógena.

O agonista da dopamina é um medicamento que se liga ao recetor da dopamina e actua como a dopamina. A sua eficácia é mais fraca do que a da L-dopa. Este medicamento demora mais tempo do que a L-dopa a fazer efeito, no entanto, o efeito mantém-se durante mais tempo do que a L-dopa. Além disso, o desgaste e a discinesia são menores do que os da L-dopa.

Os inibidores da MAO (monoamina oxidase) B suprimem a enzima que decompõe a dopamina no cérebro e prolongam o efeito da dopamina. Observa-se uma ligeira melhoria dos sintomas motores da doença de Parkinson. Se o efeito da L-dopa durar apenas um curto período de tempo, este medicamento é também utilizado.

Os inibidores da COMT (catecol-O-metil transferase) prolongam o efeito da dopamina, suprimindo a enzima que decompõe a L-dopa no organismo. O seu efeito melhora o "efeito de desgaste".

Os anticolinérgicos foram inicialmente desenvolvidos como medicamentos anti-DP. Suprimem o efeito dos níveis relativamente elevados de acetilcolina produzidos pela degradação da dopamina no cérebro. São eficazes contra o tremor, mas podem ser observados efeitos secundários como perturbações da memória, alucinações e delírio na velhice.

Os medicamentos não-dopaminérgicos que não aumentam diretamente a atividade da dopamina são utilizados na doença de Parkinson. As amantaginas estimulam a libertação de dopamina e têm um efeito atenuante na discinesia. A droxidopa é um precursor da noradrenalina. É eficaz na melhoria da rigidez da marcha e da sonolência. Os efeitos secundários são Poucos, mas o efeito de melhoria do sintoma motor é menos encontrado. A istradefilina é um antagonista dos receptores de adenosina que encurta o "tempo de paragem".

No tratamento da doença de Parkinson com medicamentos, existem diferenças entre a fase inicial e a fase avançada. A fase inicial é o início dos sintomas da doença de Parkinson ou a fase anterior à terapêutica medicamentosa, por exemplo, com L-dopa. A terapêutica medicamentosa regular consiste no medicamento principal L-dopa e num agonista da dopamina.

A terapia nas fases iniciais varia em função da idade, da presença ou ausência de dificuldades na vida quotidiana e de perturbações cognitivas. No entanto, na fase avançada, os doentes que receberam o medicamento durante um determinado período de tempo apresentam sintomas como desgaste, discinesia e congelamento dos pés. Embora a terapia medicamentosa principal com L-dopa seja muito eficaz, ocorrem vários problemas e efeitos secundários. A terapia principal para a fase de progressão deve corresponder a estes sintomas problemáticos.

b) Tratamento cirúrgico - DBS (estimulação cerebral profunda)

A ECP é o tratamento cirúrgico mais eficaz para a doença de Parkinson.

As indicações para a DBS são as seguintes

a) O paciente com início precoce e fortes flutuações diurnas de desgaste e discinesia, bem como dificuldades com

com controlo através de terapia medicamentosa. Menos de 75 anos de idade.

0) Os efeitos secundários da terapêutica medicamentosa, como os sintomas psicológicos e os sintomas gastrointestinais, são graves e dificultam a terapêutica medicamentosa.

y) O caso de um efeito decrescente da terapia medicamentosa após um longo período de tempo.

)A DBS é de esperar para *a*) e 0), mas não para v .

Trata-se de um problema difícil para os doentes com Parkinson na altura da cirurgia. Isto deve-se ao facto de o efeito ser mínimo nos doentes em estado avançado. A DBS é uma terapia complementar à última. Se a terapia medicamentosa para o tratamento da doença de Parkinson for boa, não há indicação para a DBS. A ECP é geralmente considerada quando a terapia medicamentosa é limitada. A DBS não é uma terapia básica, pelo que a medicação deve continuar a ser tomada após a DBS.

No entanto, espera-se que os efeitos secundários da

medicação diminuam em termos de quantidade e tipo após a ECP.

 A ECP envolve dois locais-alvo principais, o núcleo subtalâmico (STN) e o globo pálido interno (GPi). O método mais comum é a estimulação bilateral do núcleo subtalâmico (STN). [20] [21]

Na ECP, os eléctrodos são implantados no cérebro e ligados a um dispositivo elétrico, o chamado gerador de impulsos, que é colocado na área subcutânea da parte superior frontal do tórax (Fig. 7). Este fornece energia eléctrica

Estimulação das zonas do cérebro que controlam o movimento. O local do STN é um sítio muito pequeno, ocupando alguns milímetros no cérebro. Por isso, um instrumento de chama é fixado à cabeça e é feita uma TAC e uma RMN do cérebro para determinar a localização exacta da DBS. [22]

Após a operação de DBS, a estimulação do impulso é definida pelo médico e os doentes com Parkinson ligam e desligam o dispositivo. O Buttery deve ser mudado de três em três ou de cinco em cinco anos. Chama-se a atenção para o facto de os telemóveis não poderem ser colocados perto do aparelho e de não se dever aproximar da ressonância magnética (por causa do aparelho) ou do motor de um carro.

A ECP tem dois efeitos. Um é a melhoria da qualidade

de vida (QOL), como a redução do tremor, da discinesia e do desgaste.

Por outro lado, a quantidade de medicamentos pode ser reduzida, por exemplo, a quantidade de L-dopa em 20-40%. O exame DAT é útil para avaliar o efeito da terapia. A Fig. 7 mostra uma doente com DP de 74 anos, do sexo feminino, submetida a cirurgia de DBS. O exame DAT (a) antes da cirurgia e (b) um ano após a DBS mostra uma acumulação aumentada após a DBS em ambos os estriados.

O problema é que não há efeitos sobre os sintomas autonómicos, as perturbações cognitivas e as perturbações mentais.
Sintomas e perturbações do sono. Além disso, não se registam efeitos sobre as queixas articulares e a disfagia, mas sim um agravamento dos sintomas.

As complicações da DBS incluem infeção, hemorragia intracraniana, confusão, desorientação e convulsões.

b)   Reabilitação

Para os doentes com doença de Parkinson, é difícil travar a progressão da doença, apesar do tratamento medicamentoso ou cirúrgico adequado. No entanto, a reabilitação pode atrasar ou travar a progressão da doença. Os doentes com doença de Parkinson já não saem de casa porque já não se podem mexer como desejam. Se deixarem de se mexer, os músculos e as articulações ficam rígidos. Para parar este mau ciclo, é importante mover-se facilmente e sair de casa. Andar a pé é uma forma eficaz de aliviar ou prevenir a obstipação. O exercício ligeiro permite manter ou

aumentar as funções motoras, prevenir as dores
articulares e ter um efeito positivo na atividade mental.

As actividades quotidianas, como mudar de casa,
limpar, lavar a roupa e cozinhar, são medidas de
reabilitação muito admiráveis. É necessário evitar a
perda de ímpeto para fazer coisas pessoais e continuar o
mais possível o estilo de vida, como o trabalho, a vida
doméstica e os passatempos.

A base da reabilitação é um treino adequado às
capacidades físicas do doente. Os programas,
adaptados aos sintomas do doente, são elaborados por
fisioterapeutas, especialistas em audição e terapeutas
ocupacionais. E é preferível que os doentes façam a
reabilitação em casa, por vezes sob a sua própria
supervisão.

Estas são as coisas importantes:
* Fazer uma reabilitação se o medicamento for eficaz.
* Não exagerar.
* Continuar, pouco a pouco, todos os dias.
* Evitar qualquer exercício que provoque dores fortes.
  Comece com exercícios fáceis e aumente a
  dificuldade dos exercícios.

6) Para o doente e o prestador de cuidados

Infelizmente, a doença de Parkinson não pode ser curada e é uma doença progressiva. No entanto, é possível aos doentes de Parkinson levar uma vida com uma terapia medicamentosa e reabilitação adequadas. Para tal, é necessário conhecer e compreender bem a doença.

É igualmente importante pensar de forma positiva.
A doença de Parkinson não é uma doença potencialmente fatal como o cancro. Há uma série de inconvenientes, mas os doentes são capazes de realizar toda a sua vida com a própria vida.
Há um ponto importante:

- Não mude já o seu estilo de vida.
- Não sejas pessimista.
- Mova o seu corpo corretamente.
- A visita ao hospital é um importante programa de reabilitação.
- Ter um passatempo e uma razão para viver.

Para os prestadores de cuidados

a) É importante compreender a doença e a terapia.
b) Não perca a mudança de pacientes.
c) Promoção da independência do paciente.
c) Não se preocupe sozinho.
d) Utilizar um recurso social.
e) Cuidar da saúde do pessoal de enfermagem.

7) Referência e ilustração

1) Lee AJ (setembro de 2007). "Questões não resolvidas sobre a paralisia de tremor no 250º aniversário do nascimento de James Parkinson". Mov.Disord. 22 (Suppl 17): S327-34.

2) Wang Y et al. A incidência e a prevalência da doença de Parkinson na República Popular da China [chinês]. Chinese J Epidemiol. 1991;12:363-365.

3) Melcon MO et al. Prevalência da doença de Parkinson em Junin, Província de Buenos Aires, Argentina. Mov Disord 1997;12:197-205.

4) Marttila RJ et al. Epidemiology of Parkinson's disease in Finland (Epidemiologia da doença de Parkinson na Finlândia). Ata Neurol. Scand. 1976; 53(2): 81-102.

5) Benjamin CL et al. Epidemiology of Parkinson's disease (Epidemiologia da doença de Parkinson). BCMJ 2001;43:133-137.

6) Schoenberg BS et al. Prevalência da doença de Parkinson na população birracial de Copiah Country, Mississippi. Neurology 1985;35:841-845.

7) Konno et al. Genetics of Parkinson's Disease: a review of SNCA and LRRK2. Wiad. Lek. 2016; 69:328-32.

8) Laura LK et al. Revisão sistemática e estudo britânico de PARK2 (Parkin), PINK1, PARK7 (DJ-1) e LRRK2 na doença de Parkinson de início precoce. Mov. Dis. 2012; 27: 328-29.

9) Niall Quinn et al. Young onset Parkinson's disease. Mov. Dis. 1987; 2: 73-91.

10)   Fahn S. et al. Recent Developments in Parkinson's Disease (Desenvolvimentos recentes na doença de Parkinson). 1987; 2:153-163,293-304-United Parkinson' Disease Rating Scale.

11)   Terceiro Simpósio sobre a Doença de Parkinson, Royal College of Surgeons em Edimburgo, 20-22 de maio. [1968] : Schwab RS, England AC Jr. Protective techniques for the evaluation of surgery in Parkinson's disease. Páginas 152-157; E. & S. Livingstone Ltd [1969].

12)   Hoehn M, Yahr M. Parkinsonism: onset, course and mortality (Parkinsonismo: início, evolução e mortalidade). Neurology 1967; 17(5): 427-442.

13)   Benamer H et al. Accurate differentiation of parkinsonism and essential tremor by visual assessment of [125I]-FP-CIT SPECT imaging: the [123I]-FP-CIT Study Group. Mov. Disord.2000; 15: 503-10.

14)   G Kagi et al. O papel do DAT-SPECT nas perturbações do movimento. J. Neurol. Neurosurg Psychiatry. 2010; 81: 5-12.

15)   Schwingenschuh P et al. Diferenciação de doentes SWEDD com tremor de repouso assimétrico da doença de Parkinson: um estudo clínico e eletrofisiológico. Mov Disord. 2010; 25: 560-569.

16)   Lavalaye J et al. Influência da idade e do género na imagiologia do transportador de dopamina com [123I] FP-CIT SPECT em voluntários saudáveis. Eur J Nucl Med. 2000; 27:867-869.

17)   Broussolle E et al. The relationship between 18F-dopa uptake in the putamen and caudate nucleus and motor and cognitive performance in Parkinson's disease. J. Neurol. Sci. 1999; 166(2): 141-51.

18)   Stoessl AJ. Tomografia por emissão de positrões na doença de Parkinson pré-motora. Parkinsonism Relat. Disord. 2007; 13(3): S421-4.

19)   [123]Orimo S et al. I-MIBG myocardial scintigraphy to differentiate Parkinson's disease from other neurodegenerative Parkinson's diseases: a systemic review and meta-analysis. Parkinsonism Relat. Disord. 2012; 18(5): 494-500.

20)   Gestão da estimulação cerebral profunda [2015] (William
J.Marks Jr)

21)   DBS Um guia para a terapia cerebral profunda para doentes
Estimulação [2013] (Sierra M. Farris, Monique L. Girox)

22)   Viver com um cérebro alimentado por bateria: Um guia para a estimulação cerebral profunda para a doença de Parkinson[2012](Jackie Hunt Christensen, Alex Christensen)

Fig.1) Classificação de Benamer

Normal   Anormal   Grau 1

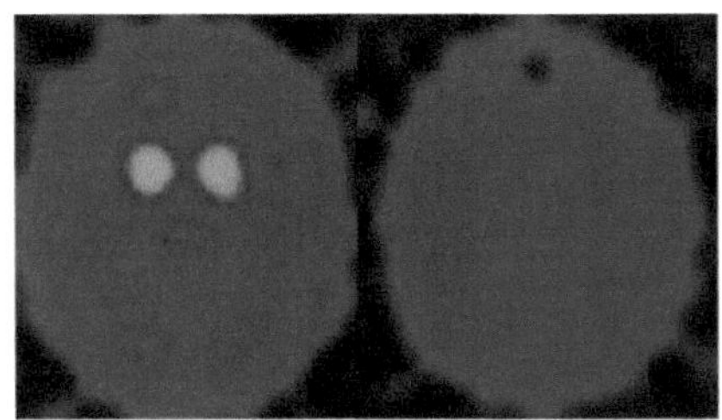

Barra grande: núcleo caudado, barra pequena: putamen

Anomalias de grau 2 Anomalias de grau 3

(Fig.2) (a)   **(b)**

(c) MIBG (d) MRT

(a): Normal.
(b): Doença de Parkinson; acumulação reduzida no putamen direito.
(c): Sem captação no ventrículo esquerdo.
(d): Nenhuma conclusão clara.

(Fig.3) (a) **(b)**

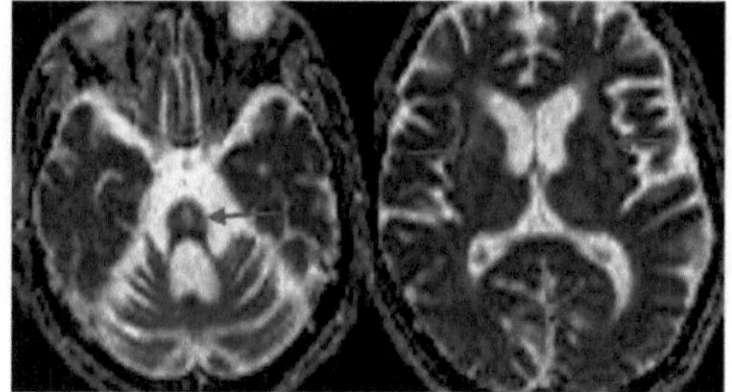

(a): Sinal do pão quente (b): Sinal da fronteira do Putaminal

(Fig.4) (a) **(b)** **(c)**

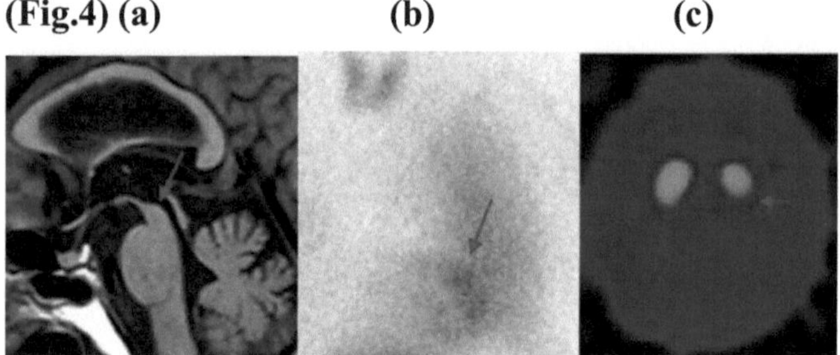

(a): Sinal de beija-flor. (b): Captação normal no ventrículo esquerdo. (c): Redução do realce no putamen esquerdo.

(Fig.5)(a) **(b)**

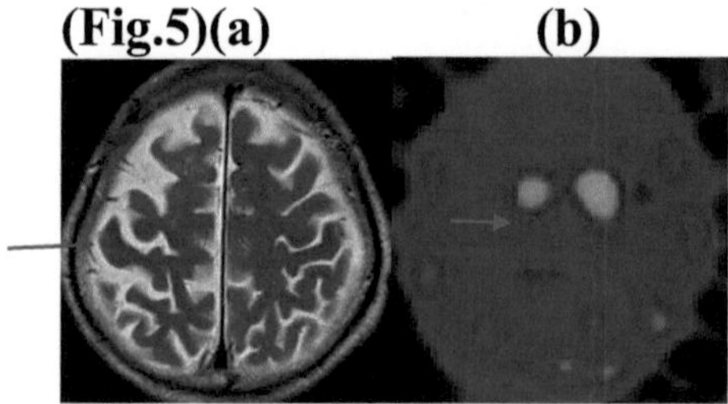

(a) Atrofia do hemisfério cerebral direito em comparação com o esquerdo.
(b) Redução da acumulação no putamen direito.

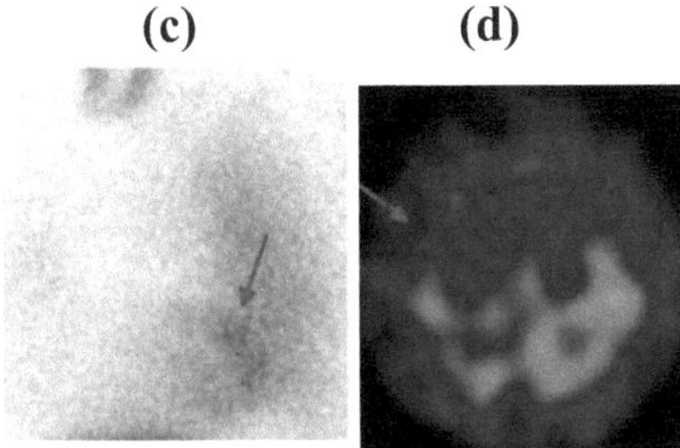

(c) Consumo normal em litros
(d) Diminuição do fluxo sanguíneo cerebral no hemisfério direito
do cérebro.

(Fig. 6)

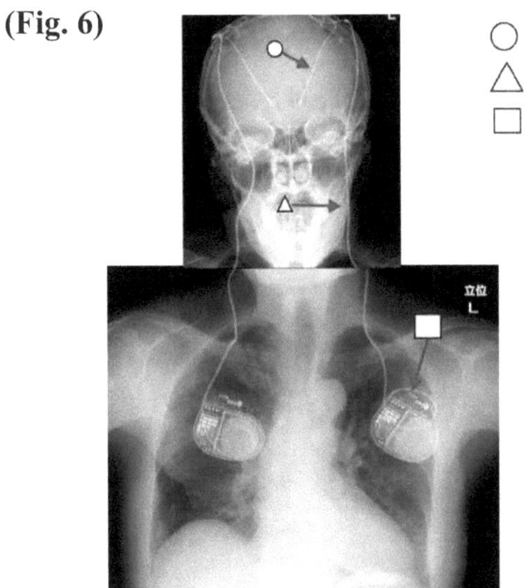

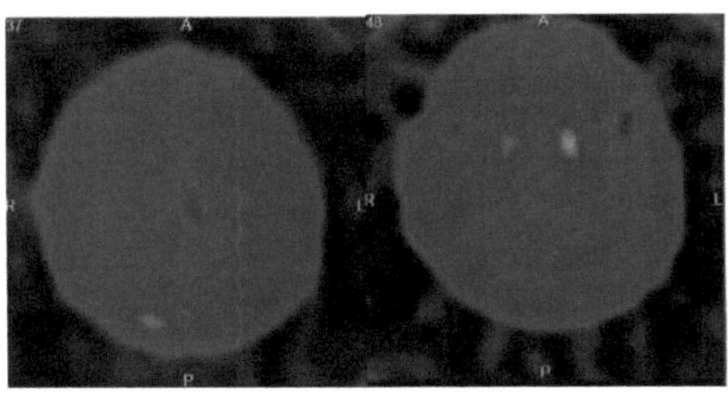

(Fig. 7) (a) **(b)**

(a) Antes da cirurgia de DBS: sem acumulação no striatum.
(b) Um ano após a ECP: aumento da acumulação em ambos os
estriados.

Índice

I want morebooks!

Buy your books fast and straightforward online - at one of world's fastest growing online book stores! Environmentally sound due to Print-on-Demand technologies.

Buy your books online at
www.morebooks.shop

Compre os seus livros mais rápido e diretamente na internet, em uma das livrarias on-line com o maior crescimento no mundo! Produção que protege o meio ambiente através das tecnologias de impressão sob demanda.

Compre os seus livros on-line em
www.morebooks.shop

MIX
Papier aus verantwortungsvollen Quellen
Paper from responsible sources
FSC® C105338
FSC
www.fsc.org